# KOCHEN MIT SARAH WIENER

Rezepte für Kinder, die jeder nachkochen kann

CARLSEN

# Inhalt

HAUPTSACHE HUNGER



LECKERE DURSTLÖSCHER

## SÜSSES MUSS SEIN



## AUS DEM BACKOFEN



## WISSENSWERTES

## Übung macht den Meister

Niemand fällt als Meisterkoch vom Himmel. Fang einfach an und hab Spaß beim Ausprobieren. Wenn einmal etwas nicht gelingt, versuchst du es einfach nochmal.

## Gute Vorbereitung

Es kocht sich viel leichter, wenn du dir alle gewaschenen Zutaten vor dein Schneidebrett legst. Dazu auch die nötigen Kochgeräte: Schöpfkellen, Gemüseschäler, Messer, Bratenwender, Schüsseln, Töpfe ... was du eben für dein Gericht brauchst. So machen das übrigens alle großen Köche. Das spart Zeit und Nerven.

## Händewaschen

Auch wenn es sich nach nervigen Eltern anhört: Wasch dir vor dem Kochen gründlich die Hände! Denn vielleicht hast du gerade vorher mit deinem Hund gespielt oder noch ein Fußballmatch gewonnen – die Reste davon möchte aber niemand in seinem Essen haben!

# BEVOR DU LOSLEGST

**Vielleicht hast du schon oft beim Kochen zugeschaut oder sogar schon einiges selbst gekocht, aber vielleicht fängst du auch gerade erst an ... auf alle Fälle werden dir diese Tipps & Tricks vor dem Start das Kochen erleichtern. Viel Spaß!**

## Schutzkleidung

**Nein, du musst nicht im OP-Kittel und mit Mundschutz am Herd arbeiten, aber eine Schürze ist in der Tat hilfreich, denn die schützt zum Beispiel vor Fettspritzern. Du kannst dir daran aber zwischendurch auch einmal die Hände abwischen, ohne dass deine Kleidung fiese Flecken bekommt, die beim Waschen nicht mehr herausgehen.**

## Materialkunde

**Löffel, Kellen und Schneidebretter aus Plastik sollten aus der Küche verschwinden. Plastik braucht Hunderte Jahre, um zu verrotten. Mit Löffeln und Brettchen aus Holz kocht es sich genauso gut.**

# HAUPTSACHE HUNGER

**Leckere Gerichte, die richtig schön satt machen**

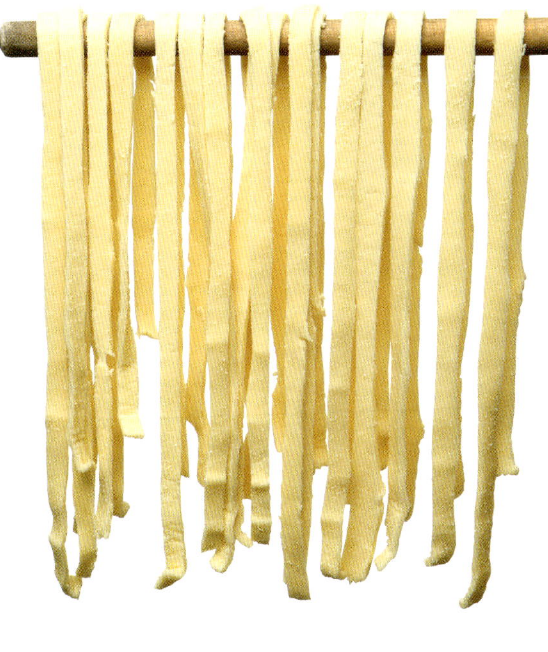

# Gemüse-bolognese

**Spaghettibolognese mögen fast alle gerne.** Doch nicht jeder möchte Fleisch essen oder zumindest nicht immer. Diese Bolognesesoße schmeckt mindestens so gut wie die klassische, kommt aber ganz ohne Fleisch aus.

**Du brauchst:**
(für 4 Portionen)

3 Möhren
3 kleine Zwiebeln
1 Stange Lauch
3 Stangen Staudensellerie
1 kleine Paprika
2 kleine Zucchini
3–4 Esslöffel Olivenöl
2 Esslöffel Tomatenmark
850 g Schältomaten (aus der Dose)
1–3 Knoblauchzehen
1 Lorbeerblatt
Salz
je eine Handvoll Basilikum, Petersilie und Thymian

**SO GEHT'S:**

**1.** Zuallererst das Gemüse putzen und in Würfel schneiden – ich finde, je feiner die Gemüsewürfel sind, desto besser wird die Bolognese. Das Schneiden ist etwas mühsam, aber dafür lernst du, geschickt mit dem Messer umzugehen. Achtung: Beim Schneiden immer zum Messer schauen!

**2.** Die Gemüsewürfel und die grob geschnittenen Knoblauchzehen in Olivenöl in einer großen, hohen Pfanne anschwitzen, nach kurzer Zeit das Tomatenmark hinzugeben und weiterbraten.

**3.** Mit einem halben Glas Wasser ablöschen und warten, bis die Soße eindickt. Das machst du noch zweimal, so dass du am Ende eineinhalb Gläser Wasser dazugeschüttet hast.

**4.** Jetzt die Schältomaten pürieren und in den Topf zum Gemüse geben. Im Sommer kannst du stattdessen sehr gut frische Tomaten mit Haut nehmen. Ich zerdrücke sie mit beiden Händen, die ich natürlich vorher ordentlich gewaschen habe. Das macht Spaß!

**5.** Das Lorbeerblatt kannst du in der Soße mitkochen – aber auch weglassen, wenn du Lorbeer nicht magst. Riech mal daran!

**6.** Wenn das Gemüse weich ist, mit Salz abschmecken und fertig ist die Soße. Jetzt etwa 500 Gramm Spaghetti kochen, mit der Soße vermischen und die klein gehackten Kräuter drüberstreuen. Fertig!

**Tipp:**

Spaghetti sollten »al dente« sein, das ist italienisch und heißt bissfest. Es gibt einen Trick, um festzustellen, ob Nudeln fertig sind: Nimm eine Nudel aus dem Topf und halbiere sie mit einer Gabel. Wenn du im Inneren einen weißen Kreis siehst, dann sind noch ein paar Minuten notwendig. Die fertigen Nudeln sollten beim Gabeltest immer eine gleichmäßige Farbe haben.

# Frikadellen

**Du brauchst:**
(für 4 Portionen)

500 g Hackfleisch, gemischt
von Rind und Schwein
(aus artgerechter Tierhaltung)
100 ml Milch
1 kleine Zwiebel
3 Bio-Eier
1 Esslöffel Senf
2 Brötchen vom Vortag oder noch älter
1 gute Prise Majoran
10 g Salz
3 g Pfeffer
etwas glatte Petersilie
Öl zum Anbraten

**Frikadellen, Buletten, Fleischpflanzerl und faschierte Laiberln ...** sie haben viele Namen, denn diese kleinen Fleischkügelchen sind überall beliebt. Kein Wunder! Sie sind ja nicht nur lecker, sondern auch praktisch, weil man sie kalt und warm essen kann, auf Brot oder mit Beilage, in allen verschiedenen Größen, und nie bleiben welche übrig.

**SO GEHT'S:**

1. Schneid die Brötchen in Würfel und leg sie in die Milch ein, bis sie weich sind und zerfallen. Du kannst auch ein Brötchen mehr nehmen oder sogar zwei. Dann sparst du Fleisch, und außerdem werden die Buletten schön weich und garantiert nicht steinhart.

2. Schäl die Zwiebel und schneid sie in kleine Würfel. Ich nehme oft mehr Zwiebeln, meistens zwei oder drei kleine. Die Petersilienblätter klein hacken.

3. Dann die Brötchenwürfel ausdrücken, bis die Milch fast verschwunden ist.

4. Bis auf das Öl knetest du alle Zutaten zu einer Masse und formst diese anschließend zu acht Buletten. Wenn du magst, kannst du aber auch zwölf kleine Buletten formen. Sie sollten nur möglichst gleich groß sein.

5. Die Buletten brätst du in einer Pfanne mit zwei bis drei Esslöffeln Pflanzenöl. Wenn sie fertig sind, legst du sie auf ein saugfähiges Küchentuch und lässt das Fett abtropfen.

**Wann ist das Öl in der Pfanne heiß genug?** Wenn du ins Öl ganz wenig von der Masse gibst und es schmurgelt so ein bisschen und macht Geräusche dabei, dann ist es perfekt. Macht es ganz viel Krach und zischt es wie doll, dann ist das Öl zu heiß. Und wenn sich gar nichts tut, dann warte noch ein bisschen. Es ist vergleichbar mit einer guten Unterhaltung: gemütlich reden, weder schweigen noch schreien.

**6.** So, jetzt brauchst du ein paar Minuten Geduld. Am besten gibst du einen Deckel auf die Pfanne. Dann werden die Frikadellen schneller gar. Nach drei bis vier Minuten wendest du sie einmal und lässt sie von der anderen Seite auch schön mittelbraun werden. Und schon sind sie zum Verschlingen fertig.

# Nudelsuppe

**Du brauchst:**
(für 4 Portionen)

1 kleine Zwiebel
2 Esslöffel Olivenöl
100 g Stangensellerie
125 g Möhren
1 rote Paprika
100 g Zucchini
125 g grüne Bohnen
1 Bund Lauchzwiebeln
50 g Tiefkühl-Bioerbsen
Salz, Pfeffer
1,5 l Wasser
100 g Suppennudeln
50 g frisch geriebenen Parmesankäse
Kräuter, Sesamkörner

**Nudelsuppe ist eines meiner allerliebsten Gerichte!** Schon als Kind habe ich im Restaurant immer Nudelsuppe mit extraviel Nudeln bestellt. Auch heute mache ich mir noch oft eine Gemüse- oder Hühnersuppe und darin dürfen Nudeln nicht fehlen.
Nudeln kann man zwar sehr gut selber machen, man kann sie aber auch einfach kaufen. Wichtiger ist die Zubereitung der Suppe, denn die schmeckt selbst gemacht sooo viel besser als jede gekaufte.

**SO GEHT'S:**

1. Die Zwiebel klein würfeln und in Öl anbraten. Den Sellerie, die Paprika, die Möhren, Zucchini, Bohnen und die Lauchzwiebeln klein schneiden (nicht zu dünn, sonst wird es matschiges Püree).

2. Den Sellerie und die Möhren in den Topf zu den Zwiebeln geben und so lange anbraten, bis alles hellbraun wird. Mit Wasser ablöschen (das Wasser dazugeben) und etwa 20 Minuten kochen.

3. Das restliche Gemüse in die siedende Suppe geben. So lange kochen, bis die Möhren weich sind (etwa 10 Minuten). Dann mit Salz und (wenn du magst) Pfeffer würzen.

4. Die Nudeln in einem Extratopf mit gesalzenem Wasser kochen. Auf der Tüte steht, wie lange welche Nudeln kochen müssen. Die fertigen Nudeln zur heißen Gemüsesuppe dazugeben.

5. Bevor du die Suppe servierst, überstreu sie mit frisch geriebenem Parmesankäse, gehackter Petersilie (du kannst auch jedes andere Kraut nehmen, das du magst) oder gerösteten Sesamkörnern. Das gibt der Suppe eine kräftige Note.

**Tipp:**
Suppennudeln (das sind ganz feine Nudeln), Buchstabennudeln oder Muschelnudeln eignen sich am besten für diese Suppe.

# Veggie-Burger

**Du brauchst:**
(für 4 Burger-Fans)

4 runde Brötchen
4 Esslöffel Frischkäse
1 Salatgurke
1 Bund Schnittlauch
1 mittelgroßen Sellerie
4 Handvoll Semmelmehl
2 Eier
2 Handvoll Mehl
4 Scheiben Bergkäse
Saure Gürkchen
1 große Tomate
1 Tasse Pflanzenöl
Meersalz
Pfeffer

**Hier kommt ein Rezept für Feinschmecker!** Normale Burger mit Fleisch kennst du ja sicher. Aber weißt du auch, wie lecker ein Burger schmeckt, der mit Gemüse belegt ist? Probier's doch mal aus!

**SO GEHT'S:**

**1.** Schneid als Erstes mit einem großen Messer die Schale vom Sellerie ab. Lass dir dabei vielleicht von deinen Eltern helfen, da die Schale sehr fest ist. Schneid den Sellerie in Scheiben – jede sollte ungefähr einen Zentimeter dick sein. Bestreu die Scheiben von beiden Seiten mit etwas Salz. Nach einer Weile fängt der Sellerie an zu schwitzen, trockne ihn mit einem Blatt Küchenpapier ab.

**2.** Jetzt brauchst du drei Schüsseln: In die erste kommt Mehl, in die zweite schlägst du die beiden Eier und verquirlst sie mit etwas Salz und Pfeffer. In die letzte Schüssel kommt das Paniermehl. Jetzt nimmst du die Sellerieescheiben und wälzt sie einzeln zuerst im Mehl, dann im Ei und zum Schluss im Paniermehl. Achte darauf, dass jede Scheibe rundum mit allen drei Zutaten bedeckt ist. Das ist eine kleine Sauerei und geht nicht, ohne dass du dir dabei auch die Fingerkuppen panierst. Stell die panierten Scheiben erst mal beiseite.

**3.** Hack nun den Schnittlauch und reib die Salatgurke mit einer Gemüsereibe klein. Vermische beides mit dem Frischkäse und gib etwas Salz und Pfeffer dazu. Die sauren Gürkchen und die Tomate schnipselst du in dünne Scheiben.

**4.** Schneid die Brötchen in der Mitte durch und erwärme die Hälften für fünf Minuten im vorgeheizten Ofen bei 150 Grad. Sie sollen ein bisschen knusprig werden.

**5.** Erhitz das Pflanzenöl in einer Pfanne und leg vorsichtig die Sellerieschnitzel hinein. Brate sie von beiden Seiten knusprig goldbraun, das dauert etwa fünf bis acht Minuten. Tropf die fertigen Schnitzel auf Küchenpapier ab, damit sie nicht so fettig sind.

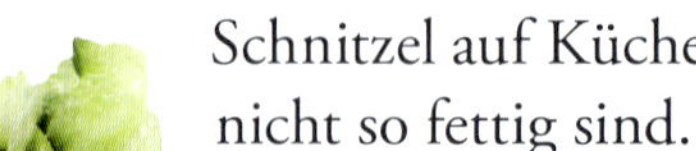

**Tipp:**
Gemüseschalen nicht einfach wegschmeißen! Sie sind die beste Basis für eine gute Gemüsebrühe. Einfach mit Wasser in einen Topf geben und köcheln lassen. Den Sud kann man auch einfrieren und damit Soßen verfeinern.

**6.** Hol die Brötchenhälften aus dem Ofen und bestreich sie mit dem Gurken-Schnittlauch-Frischkäse. Leg auf jedes Brötchen ein Sellerieschnitzel, eine Scheibe Bergkäse und ein paar Gürkchen- und Tomatenscheiben. Jetzt noch den Brötchendeckel obendrauf legen und dann: reinbeißen!

# Fischstäbchen

**Du brauchst:**
(für 4 Portionen)

3 – 4 Esslöffel Mehl
(z. B. Type 405)
2 Bio-Eier
(mit der Ziffer 0)
5 Esslöffel Paniermehl
vom Bäcker
600 – 800 g
Seelachsfilet
(oder einen anderen
Fisch mit MSC-Siegel)
Salz
reichlich Pflanzenöl
(Butterschmalz
geht auch)
Außerdem:
Küchenpapier

**Kennst du ein Kind, das keine Fischstäbchen mag?** Viele sagen sogar, dass es ihr Lieblingsgericht sei. Allerdings essen die meisten wohl fertige Fischstäbchen aus der Packung. Dabei kann man sie prima selber machen. Du kannst dann selbst entscheiden, wie dick die Knusperhülle sein soll und welchen Fisch du verwendest. Du solltest auf jeden Fall einen Fisch nehmen, der nicht vom Aussterben bedroht ist.

**SO GEHT'S:**

1. Zum Panieren brauchst du drei Schalen (oder Suppenteller). In die erste füllst du das Mehl. In die zweite kommen die Eier – aufschlagen, mit einer Gabel verquirlen und mit Salz und Pfeffer würzen. Das Paniermehl gehört in die dritte Schale.

2. Leg eine ofenfeste Form mit Küchenpapier aus, schieb sie in den Backofen und heiz ihn auf 80 Grad vor.

3. Nun geht's an den Fisch: Wasch die Filets, tupf sie mit Küchenpapier trocken und zieh mit einer Grätenzange (oder einer Pinzette) alle Gräten heraus. Die kannst du mit den Fingerspitzen erfühlen: Überall, wo es eine kleine Verhärtung gibt, steckt eine Gräte. Dann schneidest du den Fisch in etwa daumenbreite Streifen. Würz jedes Stück mit Salz und wende es dann zuerst im Mehl, zieh es anschließend durch das verquirlte Ei – kurz abtropfen lassen – und wende es zum Schluss im Paniermehl. Das machst du nacheinander mit jedem Stück Fisch.

4. Gieß nun ordentlich Öl in eine breite Pfanne, es sollte mindestens einen Zentimeter hoch sein. Vorsichtig (!) erhitzen. An heißem Öl kann man sich schwer verbrennen! Lass auf gar keinen Fall Wasser hineintropfen!

5. Um die Temperatur des Öls zu testen, leg einen kleinen Brotwürfel hinein: Wenn sich daran Blasen bilden, ist es heiß genug. Wenn das Öl zu rauchen anfängt, ist es zu heiß geworden. Wenn es allerdings zu kalt ist, dann saugt sich die Panade voller Fett. Das ist nicht lecker. Mach erst mal einen Test mit einem kleinen Stück Fisch.

**Tipp:**
Die Fischstäbchen dunkeln noch etwas nach, wenn sie auf dem Papier liegen. Also nimm sie ein bisschen früher heraus.

**6.** Leg die Fischstäbchen mit etwas Abstand nebeneinander ins Fett. Nach ungefähr zwei Minuten alle einmal wenden und noch mal ein bis zwei Minuten von der anderen Seite braten. Leg die fertigen Stäbchen zuerst kurz auf ein Stück Küchenpapier, damit das überschüssige Öl abtropfen kann. Und dann ab mit ihnen in die Form im Ofen. Dort bleiben sie warm, bis alle Stäbchen fertig sind.

**Und was gibt's dazu?** Selbst gemachten Kartoffelbrei. Ein Rezept dafür findest du auf der nächsten Seite.

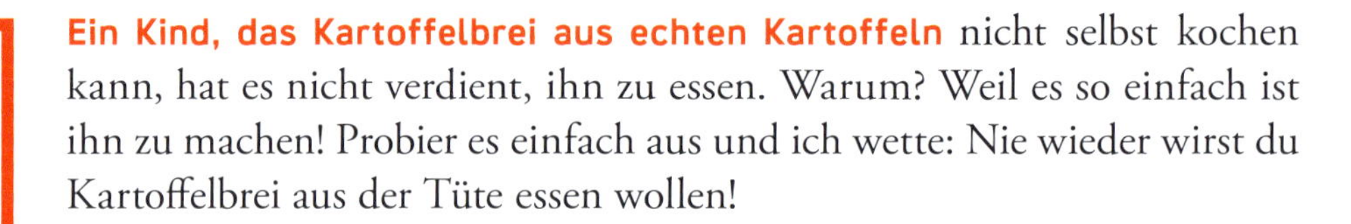

# Kartoffelbrei

**Du brauchst:**
(für 6 Portionen)

1 kg mehlig kochende Kartoffeln
1/4 Liter Vollmilch oder Sahne oder beides gemischt
75 g Butter
1 gehäuften Esslöffel Salz für das Kochwasser
1 Prise frischen Pfeffer aus der Mühle
1 Messerspitze frisch gemahlene Muskatnuss

**Ein Kind, das Kartoffelbrei aus echten Kartoffeln** nicht selbst kochen kann, hat es nicht verdient, ihn zu essen. Warum? Weil es so einfach ist ihn zu machen! Probier es einfach aus und ich wette: Nie wieder wirst du Kartoffelbrei aus der Tüte essen wollen!

**SO GEHT'S:**

**1.** Schäl alle Kartoffeln und schneid sie in Würfel. Die müssen nicht perfekt geformt sein, weil du sie ja später ohnehin zermatschst, aber sie sollten etwa gleich groß sein. Leg die Kartoffelstücke immer sofort in einen Topf mit kaltem Wasser, sonst werden sie nämlich schnell braun.

**2.** Wenn alle Würfel im Topf und mit Wasser bedeckt sind, gib einen gehäuften Esslöffel Salz dazu. Das klingt vielleicht viel, aber du wirst merken: Kartoffeln »fressen« Salz! Stell nun den Topf auf den Herd, Deckel nicht vergessen und koch die Kartoffeln weich. Weich heißt: Du merkst keinen Widerstand, wenn du mit einer Gabel hineinstichst. Wenn du unsicher bist, probier einfach ein Stück. Aber Vorsicht, nicht den Mund verbrennen! Gieß die Kartoffelstücke durch ein Sieb ab, leg sie dann zurück in den Topf, setz den Deckel drauf und stell alles beiseite.

**3.** In den kleinen Topf gibst du nun die Milch, die Sahne und die Butter und erhitzt die Mischung vorsichtig. Aber nicht kochen!

**4.** Jetzt wird's matschig! Drück die noch heißen Kartoffeln durch eine Kartoffelpresse. Das ist keine leichte Aufgabe: Es dampft und ich versau mir dabei immer meinen Küchentisch. Du kannst statt der Presse auch einen Kartoffelstampfer benutzen. Damit wird das Püree nicht so glatt, aber ich mag es ganz gern, wenn es noch ein paar Stückchen hat.

**5.** Auf den Kartoffelmatsch schüttest du die Milch-Sahne-Butter-Mischung und streust noch Pfeffer und Muskat drüber.

**6.** Und jetzt kommt was Wichtiges: Rühr nur mit einem Kochlöffel um, bloß nicht mit dem Mixer! Dann wird das Püree nämlich zäh und schmeckt schleimig – wie aus der Tüte. Koste zwischendurch mal und gib vielleicht noch etwas Salz dazu.

**Tipp:** Besonders hübsch sieht es aus, wenn du gehackte Petersilie oder in Butter geschmorte Zwiebelringe über den Kartoffelbrei gibst.

**Noch ein Trick:** Wenn der Brei etwas zu zäh wird, weil die Kartoffeln die Flüssigkeit aufgesaugt haben, gib noch einen Schluck Milch oder Sahne hinzu, zur Not auch kalt. Denn sämig soll das Püree ja schon sein.

# Gemüsechips

**Du brauchst:**
(für 4 Knabberer)

1 Rote Bete, roh
1 Pastinake, roh
1 Karotte, roh
250 ml Frittieröl ohne Transfettsäuren
20 g grobes Salz

**Kartoffelchips kennt ja jeder.** Aber wusstest du, dass man aus verschiedenen Gemüsesorten wirklich schweineleckere Chips machen kann? Und das Beste ist: Jeder Chip sieht anders aus.

**Vorbereitung:** Leg einen Teller mit mehreren Lagen Küchenpapier aus. Da kommen nach dem Frittieren die Chips drauf, damit sie abtropfen können. Du brauchst außerdem eine hohe Pfanne oder einen etwas breiteren Topf. Die Chips müssen im Öl schwimmen und dafür sollte es mindestens drei Zentimeter hoch in der Pfanne oder im Topf stehen. Um die Chips aus dem Öl zu holen, brauchst du eine Schaumkelle.

**SO GEHT'S:**

1. Schneide die Rote Bete, die Pastinake und die Karotte in feine Scheiben. Am besten benutzt du dazu einen Gemüsehobel. Mit der Hand wird's leider nicht sehr fein, selbst wenn du geschickt bist.

2. Erhitz das Öl in einer Pfanne. Es sollte nicht rauchen, dann ist es verbrannt. Mach mit einer Chipsscheibe einen Test. Wenn es um den Chip so leicht vor sich hin blubbert, dann ist die Temperatur richtig. Du solltest immer nur eine Handvoll Gemüsescheiben gleichzeitig frittieren. Sonst wird das Öl zu schnell kalt, und deine Chips werden nur fettig. Frittier die Gemüsescheiben für wenige Sekunden, so dass sie schön kross werden. Zum Frittieren kannst du natürlich auch eine Fritteuse benutzen, falls ihr zu Hause eine habt.

3. Nimm die Chips mit der Schaumkelle aus dem Fett und lass sie auf dem Küchenpapier abtropfen.

4. Zum Schluss bestreust du deine Gemüsechips mit grobem Salz. Du kannst auch frischen Knoblauch nehmen oder ein bisschen Cayenne-Paprika. Dann wird's aber vielleicht scharf.

**Tipp:**
Zieh beim Frittieren Backhandschuhe an. Das Öl wird sehr heiß und fängt schnell an zu spritzen.

# Knusprige Pizza

**Du brauchst:**
(für 2 Pizzen)

**Teig**
500 g Mehl
1/3 Würfel frische Hefe
1 Teelöffel Salz (fein gemörsert)
1 Teelöffel Zucker
2 Esslöffel Olivenöl
2 Esslöffel Pflanzen-, Sonnenblumen- oder Rapsöl
ca. 300 ml lauwarmes Wasser

**Soße und Belag**
1 Dose geschälte Tomaten oder 1 Kilo frische, reife Tomaten (zum Beispiel Ochsenherz-Tomaten)
1 geschälte Knoblauchzehe
1 Teelöffel Oregano
1 Esslöffel Olivenöl
1/2 Teelöffel Salz (fein gemörsert)
2 Kugeln Mozzarella
1 Bund Basilikum

**Pizza mag wohl wirklich jeder.** Zugegeben, Zeit muss man schon dafür aufbringen, aber die lohnt sich! Denn selbst gemachte Pizza ist tausendmal besser als jede Tiefkühlpizza und viel gesünder.

**SO GEHT'S:**

**1.** Etwa zwei Stunden vor dem geplanten Essen kannst du den Teig zubereiten. Dafür musst du zuerst den Hefewürfel in drei gleich große Stücke schneiden. Eins brauchst du für den Teig, zwei kannst du gut verpackt einfrieren.

**2.** Nun 300 Gramm Mehl und das Wasser mit den anderen Teigzutaten, auch mit der Hefe, verkneten. Der Zucker im Teig ist Nahrung für die Hefe – und weil er beim Backen karamellisiert, wird die Pizza schön braun. Das Olivenöl kommt für den Geschmack in den Teig, das Pflanzenöl ist für das Ausrollen des Teigs.

**3.** Wenn du alle Zutaten verknetet hast, das restliche Mehl zugeben. Der Teig ist gut, wenn er sich wie ein Marshmallow anfühlt.

**4.** Deck den Teig mit einem (sauberen!) Tuch ab. Jetzt hat er Pause. Je länger du den Teig ruhen lässt, desto fluffiger wird die Pizza. Willst du einen dünnen Boden, kannst du den Teig schon nach zehn Minuten ausrollen. Soll er fluffiger werden, einfach länger warten.

**5.** Während der Teig aufgeht, kannst du die Soße und den Belag vorbereiten. Die Tomaten aus der Dose im Mixer oder mit dem Pürierstab zerkleinern. Falls du keine ganzen Tomaten magst, kannst du auch passierte Tomaten nehmen. Hast du frische Tomaten gekauft, musst du sie klein schneiden und in einem Topf mit etwas Öl langsam klein köcheln (dauert etwa eine Stunde) und am Schluss pürieren. Die anderen Soßenzutaten unter die Tomatenmasse mischen, auch die ganze Knoblauchzehe hineinplumpsen lassen und beiseitestellen.

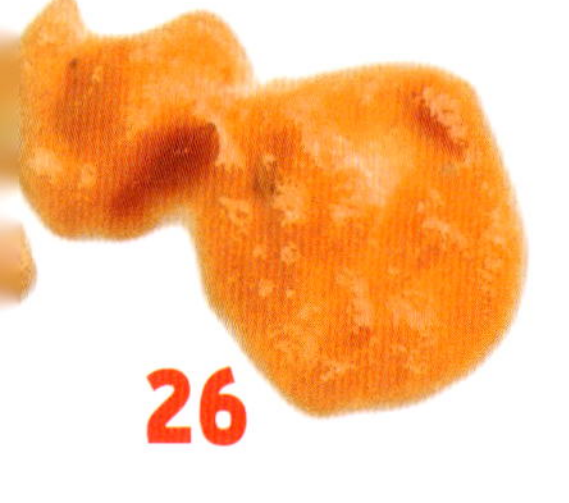

**Tipp:**
Du kannst die Pizza natürlich auch mit anderen Zutaten belegen. Probier, wie sie schmeckt, wenn du sie vor dem Backen mit Tomaten, Zucchini, Champignons oder verschiedenen Käsesorten belegst. Nach dem Backen kannst du sie mit Rucola und Parmesan verfeinern.

**6.** Den Mozzarella in kleine Würfel schneiden und den Ofen auf 220 Grad vorheizen. Ein Backblech leicht ölen. Den Teig halbieren. Jede Hälfte mit Mehl und einer Nudelrolle so groß ausrollen, dass sie auf ein Backblech passt.

**7.** Die Soße auf dem Teig verteilen. **Achtung:** Jetzt solltest du die Knoblauchzehe wieder aus der Soße fischen, sie hat inzwischen genug Geschmack abgegeben! Den Mozzarella über die Pizzen streuen und eine nach der anderen im Ofen backen, bis der Teig goldbraun ist. Das dauert etwa zehn Minuten. Aus dem Ofen nehmen und mit Basilikum garnieren. Fertig ist die Pizza Margherita.

# Hefeteig-Wraps

**Du brauchst:**
(für 10 Wraps)

**Teig**
28 g frische Hefe
100 ml lauwarmes Wasser
350 g Mehl
10 g Butter
1 Ei
1 Prise Salz

**Füllung**
1/2 Gurke
8 Radieschen
2 Möhren
200 g Frischkäse
6 Halme Schnittlauch
zwei Hände voll Pflücksalat
4 Prisen Salz
Saft einer halben Zitrone
1 EL Rapsöl

**Diese Wraps sind nicht nur lecker, sondern auch praktisch!** Sie eignen sich als Partyessen, für die Schule oder für ein Picknick, dennman braucht kein Besteck dafür.

**SO GEHT'S:**

**1.** Die Hefe löst du im lauwarmen (nicht zu heißen!) Wasser auf und vermischst sie mit drei Esslöffeln Mehl. Das restliche Mehl gibst du in eine große Schüssel und drückst mit der Hand eine Mulde in die Mitte. Nun gießt du die Hefe-Wasser-Mischung in die Mulde. Leg ein Geschirrtuch über die Schüssel und lass das Ganze 30 Minuten bei Zimmertemperatur ruhen.

**2.** Danach gibst du Butter, Ei und Salz dazu. Knete alles mindestens 10 Minuten kräftig durch. Nun formst du den Teig zu einer Kugel und deckst ihn noch einmal mit dem Tuch ab, diesmal für eine ganze Stunde.

**3.** Auch wenn du sehr neugierig bist: Guck auf keinen Fall unter das Geschirrtuch! Der Teig geht darunter auf, das heißt, er wird durch die Hefe größer. Wenn er dabei von kalter Luft berührt wird, fällt er in sich zusammen.

**4.** Den aufgegangenen Teig knetest du noch einmal gut durch. Dann teilst du zehn kleine Kugeln davon ab und rollst sie zu dünnen Fladen aus. Die backst du in einer trockenen Pfanne bei mittlerer Hitze von beiden Seiten, bis sich erste goldbraune Flecken bilden

**5.** Und nun kommt die Füllung: Die Gurke waschen und in lange Streifen schneiden. Rühr Salz, Zitronensaft und Öl zusammen, leg die Gurkenstreifen darin ein und lass sie zwei Minuten ziehen. Währenddessen die Radieschen vom Grün befreien und waschen und die Möhren schälen. Beides schneidest du in dünne Scheiben. Den Schnittlauch schneidest du in Röllchen. Dann alles mit der Gurke zusammenmischen.

**6.** Die Fladen bestreichst du auf einer Seite mit Frischkäse. Das Gemüse verteilst du auf dem unteren Drittel der Fladen und legst den Pflücksalat darauf. Die Seiten der Fladen zur Mitte hin einklappen, danach alles von unten nach oben aufrollen. Jetzt hast du feste kleine Rollen. Zum Servieren kannst du sie in der Mitte schräg durchschneiden, damit man sieht, was drin ist.

# Gemüsequiche

**Du brauchst:**
(für 1 kleine Tarte- oder Springform, 24 cm Durchmesser)

1 Rolle Blätterteig
2 große Karotten
1 Rote Bete
3 Frühlingszwiebeln
1 kleinen Brokkolikopf
10 Zuckerschoten
1 große Flocke Butter
3 Bio-Eier
150 g Crème fraîche
150 ml Bio-Vollmilch
50 g Edamer
Salz, schwarzen Pfeffer, Muskatnuss
Wenn du magst: eine Handvoll Petersilie oder Schnittlauch

**Ab und zu mal Fleisch ist völlig in Ordnung, aber es muss ja nicht jeden Tag sein.** Für diese Quiche brauchst du kein Fleisch, aber ein bisschen Geduld. Du wirst sehen, es lohnt sich!

**Vorbereitung:** Du brauchst eine Rolle Blätterteig aus dem Tiefkühlregal. Du taust ihn auf, rollst ihn gleichmäßig aus und legst ihn so in deine Springform, dass er am Rand etwa einen Zentimeter hochsteht.

**Für die Füllung** schneidest du die Karotten und die Rote Bete in kleine Würfel und die Frühlingszwiebeln in kleine Ringe. Den Brokkolikopf schneidest du in mundgerechte Stücke, und von den Zuckerschoten entfernst du an der Spitze ganz wenig und schaust, ob ein Faden rausguckt. Falls ja, musst du ihn rausziehen, weil er sonst beim Essen stört. Du kannst auch noch weitere Zutaten für die Füllung benutzen, zum Beispiel Fenchel, Sellerie oder anderes Gemüse, das dir schmeckt. Wenn du es würzig magst, gib noch eine Handvoll gehackte Petersilie oder Schnittlauch dazu. Was du nicht magst, lässt du einfach weg. So kannst du deine persönliche Quiche backen.

**SO GEHT'S:**

**1.** Bring eine große Flocke Butter in einer Pfanne zum Schmelzen, gib alles Gemüse hinzu und brate es etwa zehn Minuten an, bis du denkst: Das sieht jetzt aber appetitlich aus!

**2.** Danach verteilst du das Gemüse schön gleichmäßig auf dem Blätterteig und stellst die Form erst einmal zur Seite.

**3.** Jetzt verrührst du die drei Eier mit der Crème fraîche, der Vollmilch und schmeckst alles mit Salz, Pfeffer und etwas geriebener Muskatnuss ab.

**4.** Die Masse gibst du über das Gemüse. Schieb die Quiche für etwa 20 Minuten bei 160 Grad Ober- und Unterhitze in den Ofen.

**Tipp:**
Statt Edamer kannst du natürlich auch anderen Käse verwenden. Mit Gouda schmeckt die Quiche ein bisschen kräftiger. Und probier doch mal, eine Handvoll Haselnüsse oder Bucheckern unter das Gemüse zu heben.

**5.** Danach verteilst du den grob geriebenen Edamer über der Quiche und backst sie für weitere zehn Minuten bei 180 Grad Ober- und Unterhitze.

**6.** Nimm die Quiche aus dem Ofen und lass sie noch etwa zehn Minuten ruhen, bevor du sie anschneidest und servierst.

# Kürbisstampf

**Du brauchst:**
(für 4 Personen)

300 g mehlig kochende Kartoffeln
1 Hokkaido-Kürbis
1 kleine Zwiebel
2 Esslöffel Butter
1 Bund Schnittlauch
1 Teelöffel Meersalz
1 Teelöffel groben Pfeffer
1 kleine Prise geriebenen Muskat
eventuell 2 Esslöffel Kürbiskerne

**Unglaublich, wie viele verschiedene Kürbisse es gibt:** klitzekleine und riesengroße, manche sehen aus wie Flaschen, andere sind ganz rund, und einige haben Warzen. Kürbisse sind einfach toll. Sie sind gesund, man kann sie lange lagern, und zu Halloween kann man sie aushöhlen und gruselige Gesichter hineinschnitzen. Aber vor allen Dingen kann man köstliche Speisen aus Kürbissen kochen, zum Beispiel diesen megaleckeren Kürbisstampf.

**SO GEHT'S:**

1. Schäl zuerst die Kartoffeln. Je nachdem, wie groß sie sind, musst du sie halbieren oder vierteln. Leg die Stückchen in eine Schüssel mit kaltem Wasser, damit sie nicht braun werden. Wenn alle Kartoffeln geschält sind, füllst du sie in einen Topf und gießt so viel Wasser darüber, dass die Stücke gerade bedeckt sind.

2. Gib einen Teelöffel Salz dazu und lass die Kartoffeln dann 15 Minuten kochen.

3. In der Zwischenzeit kannst du dir den Hokkaido-Kürbis und die Zwiebel vornehmen. Teil den Kürbis in zwei Hälften und entfern die Kerne mit einem Esslöffel. Die Schale des Hokkaido-Kürbisses kann man mitessen, schälen musst du ihn also nicht. Schneid ihn einfach in grobe Stücke.

4. Die Zwiebel musst du schälen. Hack sie danach in feine Würfel und schwitz sie in einer Pfanne mit Butter an. Danach kannst du die Zwiebeln erst mal beiseitestellen.

5. Gib die Kürbisstücke zu den kochenden Kartoffeln und lass beides noch einmal 15 Minuten kochen.

6. Nimm danach den Topf vom Herd und gieß vorsichtig das heiße Wasser ab.

7. Gib die Zwiebelwürfel in den Topf und zerdrück alles erst mal grob mit einem Kartoffelstampfer.

**8.** Hack den Schnittlauch und rühr ihn zusammen mit dem Pfeffer und dem Muskat unter die Masse. Jetzt so lange weiterstampfen, bis alle großen Stücke zerdrückt sind.

**9.** Nun kannst du den Stampf auf den Tellern anrichten. Vielleicht magst du ihn mit ein paar Kürbiskernen dekorieren.

# Flammkuchen

**Du brauchst:**
(für 1 Backblech)

**Teig**
2 EL Rapsöl
125 ml Wasser
250 g Mehl
2 Prisen Salz

**Ein Flammkuchen war früher ein essbares Thermometer:** Er wurde vor dem Brotbacken in den Holzofen geschoben. Mit dem dünnen Teig hat man getestet, ob der Ofen heiß genug war. Heute ist der Flammkuchen ein Hauptgericht – und du kannst ihn so belegen, wie du magst.

**SO GEHT'S:**

**Für meine drei Flammkuchen-Rezepte brauchst du denselben Teig.**

1. Gib dafür alle Zutaten in eine Schüssel und verknete sie, bis du eine geschmeidige weiche Kugel hast. Die lässt du 30 Minuten ruhen.

2. Streu danach etwas Mehl auf deine Arbeitsfläche und roll den Teig mit einem Nudelholz aus, bis er nur noch circa zwei Millimeter dünn ist. Leg ihn auf ein Backblech mit Backpapier.

**Für jedes der Rezepte musst du zunächst mit einem Löffel Crème fraîche auf den Boden streichen.**

**Für den Klassiker:** Schneide Speck oder Schinken und die Zwiebeln in Stückchen und gib sie auf die Crème. Den Pfeffer streust du erst nach dem Backen darüber.

**Für den Vegetarischen** verteilst du die Erbsen auf der Crème. Die Champignons mit einem feuchten Tuch putzen und in Scheiben schneiden, den Blumenkohl in kleine Röschen teilen und beides auf und zwischen die Erbsen legen. Schieb das Backblech in den Ofen und wasch in der Zwischenzeit die Spinatblätter ab. Sie kommen roh auf den fertigen Flammkuchen, damit sie knackig bleiben.

**Der Süße** ist ein toller Nachtisch. Dafür entfernst du das Kerngehäuse des Apfels, schneidest ihn in Scheiben und verteilst die Scheiben auf der Crème. Streu Zimt und gehackte Haselnüsse darüber. Vor dem Servieren träufelst du Honig auf den Belag.

**Gebacken werden alle drei Flammkuchen gleich:** Den Ofen auf 250 Grad Ober- und Unterhitze vorheizen und die Flammkuchen für 12 bis 15 Minuten hineinschieben.

**Tipp:**
Du kannst natürlich auch deine ganz eigenen Flammkuchen kreieren. Probier doch mal geräucherten Lachs oder statt Apfel Birne.

## Der Klassiker

- 4 EL Crème fraîche
- 120 g Speck oder Katenschinken
- 2 rote Zwiebeln
- 3 Prisen schwarzen Pfeffer

## Der Vegetarische

- 4 EL Crème fraîche
- 4 EL Erbsen (frisch oder tiefgekühlt)
- 4 Champignons
- 4 Röschen Blumenkohl
- 1 Handvoll frische Spinatblätter oder Rauke

## Der Süße

- 4 EL Crème fraîche
- 1 säuerlichen Apfel (zum Beispiel der Sorte Boskop oder Topaz)
- 1 TL gemahlenen Zimt
- 2 EL gehackte Haselnüsse
- 2 EL flüssigen Honig

# Wintereintopf

**Du brauchst:**
(für 2 gute Esser)

1 Karotte
1 Petersilienwurzel
1/4 Knollensellerie
1/2 Stange Lauch
1 Pastinake
etwa 200 g Weißkohl
1 Zwiebel
2 EL Biobutter
1 Lorbeerblatt
unbehandeltes Salz
schwarzen Pfeffer aus der Mühle
4 Zweige frischen Majoran oder 1 TL getrockneten Majoran
4 Zweige Blattpetersilie
2 EL gehackte, geröstete Haselnüsse

**Viele denken, dass es im Winter nichts Frisches gibt, weil ja gar nix wächst.** Aber das stimmt nicht. Solange kein hoher Schnee liegt oder die Felder unter einer dicken Eisschicht versteckt sind, wachsen manch wunderbare Früchte, die man verkochen kann – zum Beispiel zu meinem Lieblings-Wintereintopf.

**SO GEHT'S:**

1. Zuerst das Gemüse putzen, schälen und klein schneiden, in Stücke, die etwa die Größe einer Haselnuss haben. Die Butter in einem großen Topf zerlassen und alles Gemüse hineingeben. Dünste die Mischung gut fünf Minuten an und füll dann etwa einen Liter Wasser auf. Gib das Lorbeerblatt dazu und würze alles mit etwas Salz und Pfeffer.

2. Der Eintopf muss einmal aufkochen, danach lässt du ihn auf dem Herd köcheln, bis das Gemüse weich ist. Das dauert etwa 15 bis 20 Minuten.

3. Dann die Majoranblätter von den Stielen zupfen und in den Eintopf geben. Noch mal mit Salz und Pfeffer abschmecken, die Blattpetersilie von den Stielen zupfen und zusammen mit den Haselnüssen über den Wintereintopf streuen.

4. Du kannst auch noch Fleisch in deinen Eintopf geben, zum Beispiel Bratenreste vom Vortag. Egal ob vom Schwein, vom Huhn, von der Ente oder dem Rind: Fleisch klein schneiden und zum Schluss langsam im Eintopf erwärmen.

5. Auch Fisch kannst du hinzugeben. Rohe Filets ohne Haut und Gräten, zum Beispiel von der Forelle, dem Karpfen oder dem Lachs, in Würfel schneiden und langsam im Eintopf gar ziehen lassen.

**Tipp:**
Ich mache immer gleich die drei- oder vierfache Menge und friere einen Teil ein. So habe ich etwas in Reserve, wenn auf einmal hungrige Freunde kommen.

# Pommes rot-weiß

**Du brauchst:**
(für 4 Pommesesser)

**Pommes**
8 große Kartoffeln
unbehandeltes Salz
Paprikapulver
50 ml natives Rapsöl
eine Plastikdose mit Deckel

**Dieses Rezept liebt jedes Kind:** Pommes frites mit Mayo und Ketchup!

**SO GEHT'S:**

**1. Mit dem Ketchup beginnen:** das dauert nämlich am längsten: Schäl die rote Zwiebel, schneid sie in feine Würfel und brat sie in Rapsöl an. Gib Apfelsaft und Malzbier dazu und koch alles so lange, bis die Flüssigkeit fast weg ist und ein dicker Sirup entstanden ist. Das dauert mindestens eine halbe Stunde.

**2.** Ist der Sirup so weit, fügst du gehackte Tomaten hinzu und lässt alles etwa 20 Minuten köcheln. Jetzt gibst du Essig und Konfitüre hinein und schmeckst alles mit Salz und Pfeffer ab. Zum Schluss zerkleinerst du das Ketchup mit einem Pürierstab.

**3. Jetzt sind die Pommes dran:** Schäl die Kartoffeln und schneid sie in Streifen. Dann füllst du das Öl in eine Plastikdose, schüttest die Kartoffelstreifen in die Dose, machst den Deckel drauf und wendest die Dose ein paarmal. So verteilt sich das Öl gleichmäßig um die Kartoffelstreifen.

**4.** Leg Backpapier auf ein Ofenblech und breite die Kartoffelstreifen darauf aus. Das Blech kommt für 20 Minuten bei 180 Grad Umluft in den Ofen. Während deine Pommes knusprig werden, kümmerst du dich um ...

**5. Die Mayonnaise:** Die ist schnell gemacht und trotzdem kaufen die meisten Leute sie aus dem Glas oder aus der Tube. Brrr, mir schmeckt das nicht! Füll die Eigelbe mit dem Knoblauch und dem Senf in ein hohes Gefäß. Mix beides mit einem Pürierstab und gib das Rapsöl dazu. Erst tröpfchenweise, dann etwas mehr, bis eine feste Mayonnaise entsteht.

**6.** Schmeck die Mayonnaise mit Zitronensaft und dem Abrieb der Zitronenschale sowie mit Salz und Pfeffer ab. Gib einen Esslöffel saure Sahne dazu, damit die Mayonnaise nicht so fettig wird.

**Tipp:**
Deine Mayo und das Ketchup enthalten keine Konservierungsstoffe wie die Produkte aus dem Supermarkt. Sie schmecken frischer, halten sich aber nicht so lange. Die Mayo solltest du nicht länger als drei Tage aufbewahren. Das Ketchup hält eine Woche. Beides gehört in den Kühlschrank.

**Ketchup**

1 rote Zwiebel
2–3 EL Rapsöl
200 ml Apfelsaft
100 ml Malzbier
400 g gehackte Tomaten aus dem Glas
3 EL Apfelessig
3 EL schwarze Johannisbeerkonfitüre
eine Prise unbehandeltes Salz
eine Prise schwarzen Pfeffer aus der Mühle

**Mayonnaise**

4 Eigelb
1/2 Knoblauchzehe
1 TL Senf
100 ml natives Rapsöl
Abrieb und Saft einer Bio-Zitrone
eine Prise unbehandeltes Salz
eine Prise schwarzen Pfeffer aus der Mühle
1 EL saure Sahne

# Nudeln

**Du brauchst:**
(für 4 Portionen)

350 g Hartweizengrieß
125 ml Wasser
5 g Salz
1 Nudelholz

**Nudeln gibt es ja in jeder Form und Größe.** Der Teig ist eigentlich immer der gleiche, aber ich finde, man schmeckt trotzdem einen Unterschied. Manche Nudelformen sind so kompliziert, dass sie nur eine Maschine machen kann. Für andere braucht man Erfahrung und Geschick. Ich habe einmal Makkaroni selbst gemacht. Dazu habe ich den Teig um einen getrockneten Pflanzenstängel gewutzelt. So lange, bis eine Röhrennudel entstanden ist. Hinterher sah jede Nudel anders aus, aber sie schmeckten fantastisch! Keine Sorge: Bandnudeln machen geht viel leichter.

**SO GEHT'S:**

1. Für den Teig nimmst du 250 Gramm vom Hartweizengrieß und formst daraus auf der Arbeitsfläche einen Vulkan – den »Krater« drückst du oben ein.

2. Wasser und Salz gibst du in den Krater und knetest alles kräftig durch, bis ein glatter Teig entsteht. Möglicherweise musst du noch ein bisschen mehr Grieß hinzugeben. Den Teig nun eine Stunde ruhen lassen.

3. Danach schneidest du den Teig in fünf etwa gleich große Teile und rollst sie nacheinander sehr dünn aus. Am besten verteilst du dazu den restlichen Grieß auf der Tischplatte und dem Nudelholz, damit es nicht klebt.

4. Jetzt wickelst du die dünnen Teigfladen zu langen Würsten auf und schneidest sie in dünne Scheiben. Wenn du die wieder aufdröselst, erhältst du lange Streifen. Und schon sind die Bandnudeln fertig!

5. Häng sie zum Trocknen über einen Stock. Wenn du sie nicht sofort essen willst, lassen sich die getrockneten Nudeln für längere Zeit aufbewahren.

6. Die Nudeln gibst du in kochendes Salzwasser. Sobald sie im Topf aufsteigen, sind sie fertig. Das geht bei selbst gemachten Nudeln schneller als bei gekauften. Jetzt kannst du sie mit einer Soße genießen. Probier doch mal die Gemüsebolognese von S. 12.

**Tipp:**
Nudeln brauchen viel Salz, einen kleinen Teelöffel pro Liter Wasser. Und auf keinen Fall sollte man Öl ins Kochwasser geben! Das verklebt nur die Oberfläche der Nudeln und sie können später die Soße nicht mehr so gut aufnehmen. Lieber ein bisschen Nudelwasser aufheben und später zu den Nudeln geben, falls sie kleben.

# Pausenbrote

**Du brauchst:**
(für 1 Portion)

**Avocadocreme-Pausenbrot**
2 Scheiben Sauerteigbrot
1/2 reife Avocado
1 EL Frischkäse
2 Spritzer Zitronensaft
etwas Salz
2 Radieschen
3 kleine Tomaten
4 Halme Schnittlauch

**Käse-Schinken-Pausenbrot**
2 Scheiben Vollkornbrot
1 Scheibe Gouda
1 Scheibe Schinken
4 Streifen Paprika
1 kleine Gewürzgurke
2 Stängel Blattpetersilie
1 TL Rapsöl
1 TL Zitronensaft
1 Prise schwarzen Pfeffer
2 Blätter Kopfsalat
etwas Butter

**In der Früh denkt man immer, man hat keinen Hunger.** Und plötzlich kommt er doch. Dann sitzt man mit knurrendem Magen im Unterricht und kann kaum zuhören, wenn vorne an der Tafel etwas erklärt wird. Damit dir das nicht passiert, kannst du dir diese Pausenbrote in die Schule mitnehmen. Sie geben Energie für den Körper und für den Kopf. Und sie schmecken sehr lecker!

**SO GEHT'S:**

**Avocadocreme-Pausenbrot**

1. Schneid die Avocado in der Mitte durch, entnimm den Kern und hol das Fruchtfleisch mit einem Löffel heraus. Gib es mit dem Frischkäse und dem Zitronensaft in eine Schüssel und zerdrück alles mit einer Gabel, bis ein Mus entsteht. Radieschen und Tomaten putzen und in kleine Würfel schneiden. Den Schnittlauch in feine Röllchen schneiden und mit dem Gemüse und dem Avocadomus verrühren. Mit Salz abschmecken.

2. Eine Scheibe Brot dick mit der Creme bestreichen, dann die zweite Scheibe darauflegen. Wickel Butterbrotpapier darum, damit der Belag an den Seiten nicht herausrutscht.

**Käse-Schinken-Pausenbrot**

1. Dafür schneidest du Käse und Schinken in Streifen und zupfst die Blattpetersilie in Stücke. Gurke und Paprika fein würfeln.

2. Gib alles zusammen mit Rapsöl, Zitronensaft und Pfeffer in eine Schüssel und vermisch es gut. Die Salatblätter waschen und trocken tupfen. Beide Brotscheiben mit Butter bestreichen, die Salatblätter auf eine Scheibe legen und den Schinken-Käse-Salat daraufgeben. Nun alles mit der zweiten Scheibe bedecken. Fertig!

**Bananen-Birnen-Pausenbrot**

**1.** Schäl dafür die Banane, gib sie mit dem Frischkäse in eine Schüssel und zerdrück alles mit einer Gabel zu einem weichen Mus. Die Birne schälen und das Kerngehäuse entfernen. Schneid die Birne in kleine Würfel und misch sie mit dem Zitronensaft und den Erdnüssen unter das Bananenmus.

**2.** Eine Scheibe Roggenbrot mit dem Bananenmus bestreichen und eine zweite Scheibe darauflegen.

**Bananen-Birnen-Pausenbrot**

- 2 Scheiben Roggenbrot
- 1/2 Banane
- 1/2 reife Birne
- 1 EL Frischkäse
- 2 Spritzer Zitronensaft
- 1 EL Erdnüsse, gehackt

**Tipp:** Back dir doch dein Brot selber! Wie? Guck mal auf S. 66.

## Mach deinen Vanillezucker selber!

Wenn du Vanilleschoten zum Kochen oder Backen verwendest, haben die ausgekratzten Schoten noch so viel Aroma, dass du sie nie wegschmeißen solltest. Wasch sie ab, lass sie trocknen, füll sie dann in ein Schraubgefäß und schütte Zucker darüber. Der Zucker nimmt das Aroma der Vanilleschoten auf und du hast nach kurzer Zeit den herrlichsten Vanillezucker.

## Achte auf die Zeichen!

Man sollte nur Fisch kaufen, der das MSC-Siegel hat. MSC ist eine Abkürzung für Marine Stewardship Council. Das ist eine Gruppe, die darauf achtet, dass keine Fischarten aussterben, weil die Menschen zu viel fischen.

## Probier mal was Neues!

Eine Kartoffel schmeckt wie die andere, denkst du vielleicht. Aber du irrst! Kartoffel ist nicht gleich Kartoffel. Es gibt mehr als 1000 verschiedene Sorten. Sie heißen zum Beispiel Nicola, Christa oder Arkula – und sie schmecken ganz unterschiedlich. Bring deine Eltern einfach mal dazu, eine neue Sorte zu kaufen. Denn wenn zu viele Leute immer nur die gleichen Sorten kaufen, werden die anderen irgendwann nicht mehr angebaut und gehen verloren. Das wäre doch schade, oder?

## Schein und Sein

Schon gewusst? Vollkornbrot ist nicht immer dunkler als normales Brot. Vollkornmehl kann sehr hell sein, zum Beispiel wenn es aus Weizen gemacht ist. Manche Brote, die du beim Bäcker oder im Laden findest, sollen nach Vollkorn aussehen, sind aber bloß gefärbt oder extra lange gebacken. Wenn du dir nicht sicher bist, frag am besten nach.

## Reste nicht verachten!

Zum Käsereiben eignet sich zum Beispiel wunderbar das Stück ausgetrockneter Käse, das ganz hinten in eurem Kühlschrank liegt. Streust du ihn über deine Quiche oder deine Pizza, wird er im Ofen genauso schön wie ein ganz neues Stück.

# KOCHEN MIT KÖPFCHEN

**Wer kocht, sollte auch ein bisschen etwas über unsere Nahrungsmittel und den richtigen Umgang mit ihnen wissen. Hier ein paar Tipps, mit denen du vielleicht sogar noch deine Eltern verblüffen kannst!**

## Kleine Eierkunde

Jedes Ei im Handel hat seinen Stempel. Ganz vorn steht immer eine Ziffer zwischen Null und Drei. Je höher die Ziffer, desto schlechter werden die Hühner gehalten.

0 bedeutet Bio-,
1 Freiland-,
2 Boden- und
3 Käfighaltung.

## Paniermehl selbst gemacht

Schmeiß niemals alte Brötchen und Brote weg. Man kann so tolle Dinge damit machen, zum Beispiel Paniermehl oder Semmelknödel. Lass die Brötchen nicht in einer Plastiktüte, sondern bewahr sie in einem Leinen- oder Stoffbeutel auf. Brot muss atmen. So wie wir.

# LECKERE DURSTLÖSCHER

**Immer nur Wasser? Ab und zu darf es auch mal etwas anderes sein!**

# Sommer-Smoothies

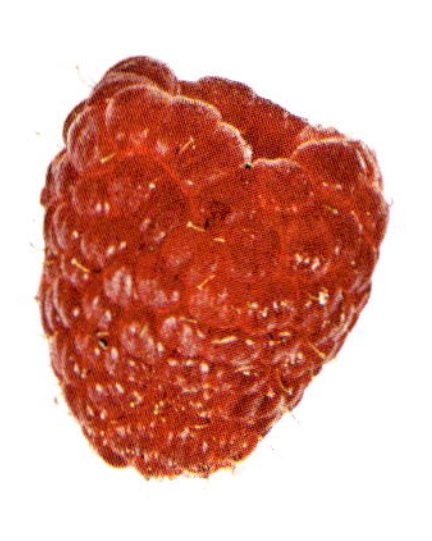

**Du brauchst:**
(für ein großes Glas)

**Beeren-Smoothie**
20 Himbeeren
5 Erdbeeren
1 kleinen Apfel
1/2 Banane
10 kernlose rote Trauben
10 Süßkirschen
5 Eiswürfel

**Kirsch-Bananen-Smoothie**
20 Süßkirschen
15 Sauerkirschen
1 Banane
10 kernlose rote Trauben
1 kleinen Apfel
den Saft einer halben Zitrone
4 EL griechischen Joghurt
7 Eiswürfel

**Früchte kann man nicht nur essen, sondern auch trinken!** Diese beiden Smoothie-Mischungen sind absolute Weltklasse-Sommerdrinks. Probier es aus.

**SO GEHT'S:**

**Beeren-Smoothie**

1. Für den Beeren-Smoothie musst du zuerst das Obst waschen. Dann die Kirschen entsteinen. Den Apfel bitte nicht schälen (in der Schale stecken besonders viele gesunde Inhaltsstoffe!), sondern nur vierteln und das Kerngehäuse entfernen. Die Apfelstücke gibst du in den Küchenmixer, zusammen mit der geschälten Banane, den Trauben, den Himbeeren und den Kirschen.

2. Wenn du keinen Mixer hast, kannst du die Zutaten auch in einer hohen Schüssel mit einem Pürierstab zerkleinern. Die Erdbeeren vom Strunk befreien und mit den Eiswürfeln dazugeben. Dann alles auf höchster Stufe mixen, bis es zu einem Smoothie püriert ist.

**Kirsch-Bananen-Smoothie**

1. Hierfür den Apfel wieder nicht schälen, sondern nur vierteln und das Kerngehäuse entfernen. Die Banane schälen und die Kirschen entsteinen. Alle Zutaten in den Küchenmixer geben und sehr fein pürieren. In Gläser füllen und die Eiswürfel dazugeben. Gekühlt schmeckt es noch besser!

**Tipp:** Ist der Smoothie etwas zu dickflüssig, kannst du etwas stilles Wasser dazugeben.

**Tipp:**
»Smoothie« kommt vom englischen Wort smooth, das heißt flüssig und geschmeidig. So soll das Getränk auch werden: gleichmäßig und fein püriert.

# Limonade

**Du brauchst:**
(für etwa 2 Liter)

- 2 Liter Trinkwasser
- 4 EL Honig
- 2 Zitronen
- 2 Grapefruits
- 2 Orangen
- 2 Limetten

**Mach dir mal deine eigene Limonade!** Ich verspreche dir, dass sie dich besser erfrischen wird als all die klebrig-süßen Limos aus dem Supermarkt.

Bei diesem Rezept verwendest du natürlich richtige Früchte – Orangen, Grapefruits, Zitronen und Limetten. Du kannst entweder alle vier, nur drei oder nur zwei Früchtesorten nehmen. Oder auch nur Zitronen – ganz wie du magst. Insgesamt solltest du ungefähr sechs bis neun Früchte haben. Am besten nimmst du Bio-Obst, das wird nämlich nicht mit Insektengift abgespritzt, so dass du auch ein bisschen von der Schale in die Limonade reiben kannst. Probier's mal, es ändert den Geschmack!

**SO GEHT'S:**

1. Du halbierst alle Früchte und presst sie auf einer Zitronenpresse sehr gut aus.

2. Der ganze Fruchtsaft kommt in eine große Karaffe, dann gibst du vier Esslöffel Honig dazu und rührst gut um.

3. Danach füllst du einfach kaltes Leitungswasser in die Karaffe. Wenn du es lieber prickelnd magst, kannst du natürlich auch Sprudelwasser nehmen.

4. Nun stellst du die Karaffe für etwa 20 Minuten in den Kühlschrank. Wenn du es sehr kalt magst, kannst du auch ein paar Stunden warten. Ich mag die Limonade am liebsten, wenn sie ganz frisch ist. Dann haben die Früchte noch am meisten Vitamine und irgendwie mehr Kraft. Ich finde, das schmeckt man. Du auch?

**Tipp:**
Du kannst für deine Limonade noch ausgefallene Eiswürfel machen. Einen Tag vorher in jedes Fach einer Eiswürfelform eine Beere oder ein Blatt Pfefferminze legen. Dann kaltes Wasser drübergießen und die Box vorsichtig in den Tiefkühler stellen. Diese schönen Eiswürfel kannst du in die Limonade geben – dann muss sie auch nicht mehr kalt gestellt werden.

# SÜSSES MUSS SEIN

## Nachtische und andere Leckereien

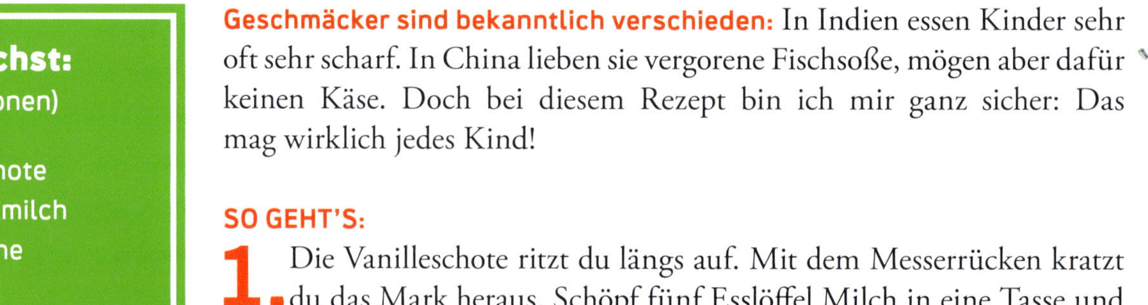

# Vanillepudding

**Du brauchst:**
(für 4 Personen)

1 Vanilleschote
400 ml Vollmilch
100 ml Sahne
1 Prise Salz
70 g Zucker
30 g Speisestärke
3 Eigelb

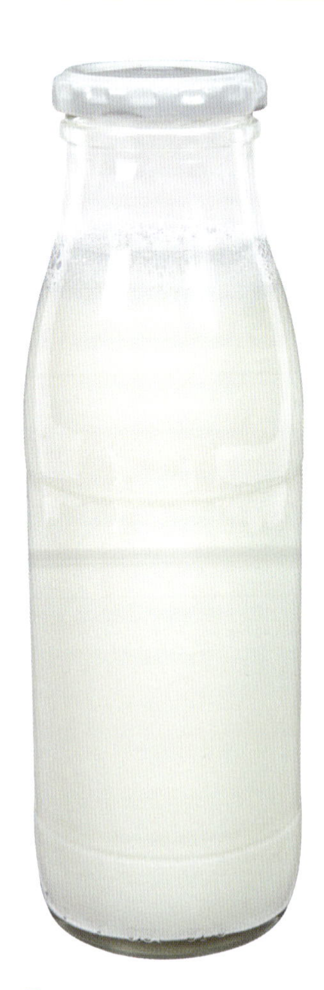

**Geschmäcker sind bekanntlich verschieden:** In Indien essen Kinder sehr oft sehr scharf. In China lieben sie vergorene Fischsoße, mögen aber dafür keinen Käse. Doch bei diesem Rezept bin ich mir ganz sicher: Das mag wirklich jedes Kind!

**SO GEHT'S:**

**1.** Die Vanilleschote ritzt du längs auf. Mit dem Messerrücken kratzt du das Mark heraus. Schöpf fünf Esslöffel Milch in eine Tasse und stell sie zur Seite, die brauchst du später noch.

**2.** Die restliche Milch lässt du bei mittlerer Hitze in einem Topf köcheln, zusammen mit der Schote, dem Mark, der Sahne, dem Salz und dem Zucker. Damit die Milch nicht anbrennt, solltest du den Zucker langsam einrieseln lassen und immer wieder umrühren. (Vorsicht: Bleib daneben stehen! Die Milch kocht immer genau dann über, wenn man gerade weggeht.)

**3.** Die Speisestärke vermischst du nun mit der zur Seite gestellten Milch. Dann gießt du beides zusammen in den Topf auf dem Herd. Weil man währenddessen kräftig umrühren muss, geht das am besten zu zweit: Einer schüttet, der andere rührt.

**4.** Dann darf alles noch zwei Minuten köcheln. Nimm danach den Topf vom Herd und lass ihn zwei Minuten lang abkühlen. Die Eigelbe kannst du anschließend mit einem Schneebesen in den Pudding rühren. Sie machen ihn schön gelb.

**5.** Jetzt entfernst du die Vanilleschote und füllst den Pudding in Gläser. Streut man etwas Zucker auf die Oberfläche, bildet sich keine »Milchhaut«.

**Tipp:**

Für Fruchtpudding mischst du alle Zutaten wie beim Vanillepudding. Wenn der Pudding vom Herd kommt, rührst du eine Handvoll Erdbeerstücke oder Himbeeren hinein. Für Schokopudding lässt du Eier und Vanille weg und gibst stattdessen 2 EL Kakaopulver und 150 g gehackte Zartbitterschokolade in die kochende Milch.

# Erdbeerjoghurt

**Dieser superleckere Luxus-Erdbeerjoghurt** ist im Nu selbst gemacht und ehrlich: Da kann kein Fertigbecher mithalten!

**SO GEHT'S:**

**1.** Die Erdbeeren waschen und in der Mitte durchschneiden; große Früchte vierteln, kleine ganz lassen. Zerdrück ungefähr jede dritte Erdbeere mit einer Gabel und vermisch den Fruchtbrei mit dem Honig, dem Agavendicksaft oder dem braunen Zucker. Nimm erst mal nur wenig – nachsüßen kannst du später immer noch. Über diese Mischung träufelst du dann den Zitronensaft.

**2.** Lass alles ein paar Minuten stehen. Dann schüttest du den Joghurt dazu und rührst vorsichtig um. Profiköche sagen dazu »unterheben«.

**3.** Misch nun die übrigen Früchte dazu – du kannst ein paar Erdbeeren aufheben und damit vorm Servieren ein Gesicht auf den Joghurt legen.

**4.** Du kannst deinen Joghurt noch verfeinern. Vermisch dafür die Sahne mit einem Esslöffel Zucker (oder selbst gemachtem Vanillezucker) und schlag sie mit einem Mixer steif. Heb die Sahne vorsichtig unter den Joghurt und stell ihn für etwa fünf bis zehn Minuten kalt. Und dann genüsslich essen!

**Du brauchst:**
(für 4 Portionen)

**Erdbeerjoghurt**
500 g Joghurt
eine Schale reife saftige Erdbeeren aus der Region
etwa 3 EL flüssigen Honig, Agavendicksaft oder braunen Zucker
den Saft einer halben Zitrone

**Luxusvariante**
100 – 200 ml süße Sahne
1 EL Zucker

**Tipp:**
Du kannst auch andere Früchte nehmen. Nur Ananas und Kiwis haben zu viel Säure, da gerinnt der Joghurt, deswegen sollte man sie nicht untermischen.

# Vanilleeis mit Himbeerpüree

**Du brauchst:**
(für 1 Familienportion)

**Vanilleeis**
350 ml Milch
250 ml Sahne
4 Eigelb
120 g Zucker
eine Vanilleschote

**Himbeerpüree**
500 g Himbeeren
200 g Zucker
1 Eigelb
etwas heiße Milch
etwas Wasser oder Orangensaft oder Apfelsaft

**Achtung, Achtung!** Jetzt kommt mal ein so richtig herrlich nützliches, wunderbar typisches Ich-will-mehr-davon-Rezept: Vanilleeis, mhm! Klar, Vanilleeis kann man in jedem Supermarkt kaufen. Aber wusstest du, dass das gekaufte Eis meistens gar keine echte Vanille enthält? Oft ist nicht einmal Milch oder Sahne drin, dafür viel zu viel Zucker. Meistens enthält es dann noch Aroma- und Farbstoffe, die man ja nicht unbedingt mitessen möchte. Deshalb kann ich nur raten: selber machen! Dazu benutzt du am allerbesten eine Eismaschine. Wenn du keine hast, ist das auch nicht schlimm. Ohne wird das Eis zwar nicht ganz so cremig, aber es schmeckt trotzdem.

**SO GEHT'S:**

1. Halbier die Vanilleschote, kratz das Mark aus und verrühr es mit dem Zucker.

2. Füll die Milch, die Sahne und die Zucker-Vanillemark-Mischung in einen Topf und lass alles zusammen aufkochen.

3. Das Eigelb gibst du in eine Schüssel und gießt so lange langsam etwas von der heißen Milchmischung hinzu, bis sich das Eigelb aufgelöst hat. Ganz wichtig: Rühr dabei ständig um, damit sich keine Klumpen bilden.

4. Mischung in die Eismaschine füllen, einschalten und gefrieren. Wenn du keine Eismaschine hast, stellst du den Topf in den Tiefkühlschrank und nimmst ihn so lange alle 15 Minuten raus, um kräftig umzurühren, bis die Creme gefroren ist.

5. Um zu prüfen, ob deine Creme fest genug ist, tauchst du nun einen Löffel hinein, ziehst ihn wieder heraus und pustest vorsichtig auf die Masse. Wenn sich dabei leichte Wellen bilden, ist deine Eismasse fertig. Bilden sich noch keine Wellen, stellst du den Topf noch einmal in den Gefrierschrank.

Tipp:
Statt Himbeeren kannst du natürlich auch andere Beeren zu Püree verarbeiten.

**Jetzt das Himbeerpüree:**

1. Zuerst wäschst du die Himbeeren und erhitzt sie dann zusammen mit dem Zucker in einem Topf. Gib noch einen Schuss Wasser dazu oder, wenn du es noch fruchtiger magst, etwas Orangen- oder Apfelsaft.

2. Pürier die Masse mit einem Pürierstab. Oder du gibst die heißen Beeren gleich so übers Eis.

# Himbeer-marmelade

**Wer mag keine Marmelade?** Marmelade ist aber nicht gleich Marmelade. Die meisten Sorten, die du kaufen kannst, enthalten viel zu viel Zucker. Dabei ist es so einfach, Marmelade selber zu machen.

**SO GEHT'S:**

**1.** Wasch die Himbeeren unter kaltem Wasser ab und gib sie in einen großen Kochtopf. Schäl den Apfel und schneid ihn in kleine Stückchen. Die Datteln schneidest du ebenfalls in kleine Stücke. Beides gibst du in den Kochtopf. Der Fruchtzucker der Datteln ersetzt den vielen Kristallzucker, der sonst in Marmelade drin ist. Füg das Wasser und den Zitronensaft hinzu. Zuletzt gibst du das Agar-Agar in den Topf. Was ziemlich lustig klingt, sorgt dafür, dass die Masse nach dem Abkühlen streichfest ist.

**2.** Dann stellst du den Herd auf mittlere Stufe und deckst den Topf mit einem Deckel zu. Lass die Masse etwa 15 Minuten lang köcheln. Auf der Oberfläche bilden sich dabei kleine Blubberbläschen. Rühr zwischendurch immer wieder um, damit nichts anbrennt. Kurz bevor alles fertig ist, rührst du den Vanillezucker in die heiße Fruchtmasse. Mmh, wie das duftet!

**3.** Jetzt nimmst du dir die Marmeladengläser vor. Bevor du sie neu befüllst, sterilisierst du sie. Das bedeutet, dass sie richtig schön sauber werden und alle Keime und Bakterien verschwinden.

**4.** Und so geht's: Spül jedes Glas mit heißem Wasser und Spülmittel gründlich aus. Die Deckel der Gläser kochst du in einem Topf mit Wasser ab. Lass dir dabei von einem Erwachsenen helfen, denn du kannst dir schnell die Finger verbrennen.

**5.** Trockne die Gläser ab und stell sie in einer Reihe vor dir auf den Tisch. Jetzt füllst du jedes Glas mit deiner Himbeermarmelade.

**Du brauchst:**
(für 4 Gläser)

- 1 kg Himbeeren
- 300 ml Wasser
- 1 halben Apfel
- 2 Datteln
- 30 g Agar-Agar
- 2 EL Zitronensaft
- 1 EL Vanillezucker
- 4 mittelgroße gebrauchte Marmeladengläser mit Schraubdeckel

**Tipp:**
Im Unterschied zu der Marmelade aus dem Supermarkt enthält deine Marmelade keine künstlichen Konservierungsstoffe. Das bedeutet, dass sie nicht so lange haltbar ist. Du solltest sie auf jeden Fall im Kühlschrank aufbewahren und innerhalb von ein bis zwei Wochen aufessen.

**6.** Anschließend nimmst du die Deckel mit einer Zange aus dem kochenden Wasser. Tropf sie kurz auf einem sauberen Geschirrhandtuch ab und schraub sie dann auf die Gläser. Lass die Deckel am besten von einem Erwachsenen ganz fest zuschrauben, damit sie richtig dicht sind.

**Himbeermarmelade schmeckt sehr gut als Füllung** von Pfannkuchen oder auch zu Kaiserschmarren und natürlich auf Brot und in Joghurt. Probier's mal aus!

# Gebrannte Mandeln

**Du brauchst:**
(für etwa 4 Nussliebhaber)

200 g ganze Mandeln
200 g braunen Zucker
100 ml Wasser
etwas Zimt
1 Vanilleschote
1 Paar Backhandschuhe
1 Topf
1 Backblech
1 Blatt Backpapier

**Winterzeit ist Nusszeit:** Walnüsse, Pekannüsse, Erdnüsse – und natürlich Mandeln! Nüsse sind gesund, geben schnell Energie und sollen sogar gut fürs Denken sein! Es gibt nur eine Sache, die ich noch lieber mag als frische ganze Mandeln. Und das sind frische ganze gebrannte Mandeln. Und weil ich mir sicher bin, dass das bei den meisten Menschen so ist, verrat ich dir mein superfeines Gebrannte-Mandeln-Rezept.

**SO GEHT'S:**

**1.** Schneid zuerst die Vanilleschote vorsichtig längs auf und kratz das Vanillemark mit einem Messer aus der Schote heraus. Dann stellst du einen Topf mit Wasser auf den Herd und gibst Zucker, Zimt, das Vanillemark und die ausgekratzte Schote hinzu. Nun bringst du alles zum Kochen.

**2.** Danach kommen die Mandeln dazu. Jetzt nicht vom Herd weggehen, sondern fleißig umrühren. Und zwar so lange, bis das Wasser verdampft ist und der Zucker trocken zurückbleibt. Wenn du die Masse jetzt noch ein bisschen weiterkochen lässt, schmilzt der Zucker und die Mandeln beginnen zu glänzen. Dann schnell runter vom Herd, wir wollen ja keine schwarzen Nüsse.

**3.** Vorsicht: Der Zucker ist richtig, richtig heiß! Bloß nicht mit den Fingern reingreifen, weil du es nicht erwarten kanns zu probieren. Wenn Flüssigkeit an den geschmolzenen Zucker kommt spritzt es und man holt sich leicht Brandblasen, das tut weh. Also trag besser Backhandschuhe. Leg die Mandeln mit einer Kelle auf ein Blech mit Backpapier. Falls Mandelklumpen entstanden sind, zerteil sie mit zwei Gabeln. Dann schön abkühlen lassen.

**Tipp:**
Im Advent und an Weihnachten kann man sie prima in kleine Papiertüten füllen und dann verschenken. Wetten, du hast noch nie so viele Freunde in so kurzer Zeit gefunden?

# AUS DEM BACKOFEN

Köstlichkeiten, die keinen Topf und keine Pfanne brauchen

# Brot

**Du brauchst:**
(für 3 Brote)

800 g Vollkorn-Weizenmehl, fein gemahlen
300 g Roggenmehl, fein gemahlen
700 ml Wasser
20 g Salz
30 g Butter
30 g Hefe
je nach Geschmack etwas Mohn oder Sesam

**Die Deutschen sind so etwas wie die Brotweltmeister.** Ich glaube, es gibt kein Land, in dem so viele unterschiedliche Brote gebacken werden wie bei uns. Am allerbesten schmeckt ein frisch gebackenes Brot. Probier doch mal und back dein eigenes Brot.

**SO GEHT'S:**

1. Gib Mehl, Salz, Hefe, Butter und zum Schluss das Wasser in eine Schüssel und knete alles zu einem glatten, leicht dehnbaren Teig. Deck den Teig danach mit einer umgedrehten Schüssel zu und lass ihn eine Stunde ruhen.

2. Bestäub den Teig mit etwas Mehl, damit er nicht an den Fingern klebt. Danach kannst du verschieden geformte Brote aus dem Teig kneten und – wenn du magst – mit Mohn oder Sesam bestreuen.

3. Deck die Brote mit einem feuchten Tuch zu und lass sie wieder eine Stunde ruhen.

4. Die Brote legst du auf ein Blech mit Backpapier und schiebst sie in den Ofen. Lass sie bei 240 Grad für 25 bis 30 Minuten backen.

**Wichtig ist, dass du ohne Ventilator backst** und keine Umluft einschaltest. Stell ein kleines feuerfestes Gefäß mit etwas Wasser in den Ofen. Dann wird das Brot nicht hart und trocken, sondern frisch und knusprig. Sei beim Herausnehmen der Brote bitte vorsichtig, sie sind sehr heiß!

**Tipp:**
Am besten nimmst du frisch gemahlenes Vollkornmehl, dann hast du alles Gute vom ganzen Korn in deinem Brot. Vielleicht kannst du dir das Mehl bei deinem Bäcker besorgen.

# Bratäpfel

**Du brauchst:**
(für 4 Portionen)

4 Äpfel
für jede Füllung, zum Beispiel die Sorten Topaz oder Elstar

**Marzipan-Füllung**
100 g Marzipan-Rohmasse
3 EL Honig
30 Rosinen
4 EL gehackte Haselnüsse
1 EL Butter
Abrieb einer unbehandelten Zitrone

**Nougat-Füllung**
150 g Nuss-Nougat-Creme
20 g Semmelbrösel

**»Kinder, kommt und ratet, was im Ofen bratet!«** Bratäpfel – ganz genau und ich finde, es gibt kaum etwas Köstlicheres im Herbst und Winter. Mit einer leckeren Füllung schmecken sie gleich noch mal so gut. Probier mal, welche dir am besten schmeckt!

**SO GEHT'S:**

**1.** Wasch die Äpfel ab und entfern das Kerngehäuse von oben mit einem Kugelausstecher. Vorsicht: Kein Loch in den Boden stoßen, sonst läuft die Füllung raus.

**Für die Marzipan-Füllung** gibst du alle Zutaten in eine Schüssel. Wenn du keine Rosinen magst, kannst du auch getrocknete Cranberrys oder klein geschnittene Trockenpflaumen nehmen. Vermeng alles mit einer Gabel. Dabei entsteht eine klebrige Masse, die du in die Äpfel füllst.

**Für die Nougat-Füllung** verrührst du die Nuss-Nougat-Creme mit den Semmelbröseln. Je ein Viertel der Mischung kommt in die Äpfel.

**Mit der Honig-Nuss-Füllung** machen die Bratäpfel am längsten satt. Hack dafür die Nüsse grob mit einem Messer. Rühr die restlichen Zutaten unter und füll die Äpfel damit.

**2.** Den Backofen auf 200° Grad Ober- und Unterhitze vorheizen. Leg die Äpfel in eine Auflaufform und stell sie etwa 20 Minuten lang auf den Rost in den Ofen. Dabei wird das Fruchtfleisch so weich, dass du es löffeln kannst.

**Tipp:**
Versuch das Rezept doch mal mit Birnen.

## Nuss-Honig-Füllung

15 Haselnüsse
10 Walnüsse
50 Pistazien
6 EL Honig
1/2 EL gemahlenen Zimt
Abrieb einer unbehandelten Zitrone

# Stutenkerle

**Achtung: Dieses Rezept ist nichts für Ungeduldige.** Das Ergebnis ist allerdings jede Mühe wert: Stutenkerle sehen nicht nur schön aus, sie schmecken und duften auch so herrlich! In keinem Geschäft wirst du zu Sankt Martin oder Nikolaus bessere Stutenkerle finden als diese. Wetten?!

**Du brauchst:**
(für zwei Männchen)

- 100 ml Milch
- 40 g Zucker
- 2 Packungen Trockenhefe
- 350 g Mehl
- 3 Eier
- 75 g weiche Butter
- 1 Prise Salz
- 1 Handvoll Rosinen
- 1 Handvoll Mandeln
- 1 Tasse Milch

**SO GEHT'S:**

1. Wieg alle Zutaten ab und stell sie auf dem Tisch bereit. Als Erstes gibst du Milch und Zucker in einen Topf und erwärmst die Mischung etwas. Die Milch sollte nur handwarm sein, nicht richtig heiß.

2. Jetzt rührst du die Hefe ein und dann musst du warten: Die Milch sollte 20 Minuten abkühlen.

3. Danach gibst du die gezuckerte Milch in eine große Rührschüssel und fügst drei Eigelbe, ein Eiweiß, die Butter und eine Prise Salz hinzu. Gut verrühren und dann das Mehl in die Schüssel schütten.

4. Verknete alle Zutaten zu einem Teig, nimm dazu am besten einen Mixer mit Knethaken.

5. Und dann heißt es wieder warten: Lass den Teig für eine halbe Stunde zugedeckt in der Schüssel an einem warmen Ort gehen – so nennt man es, wenn Hefeteig größer wird.

6. Knete den aufgegangenen Teig noch mal durch, halbiere ihn und forme aus jedem der zwei Teile ein Männchen. Damit der Teig nicht an den Fingern klebt, mach sie vorher mit Wasser nass.

7. Leg die Stutenkerle in die Mitte eines Backblechs mit Backpapier und heiz den Ofen auf 180 Grad vor.

8. Du kannst deine Männchen noch mit Mandeln, Rosinen und, wenn du magst, mit Pfeifen aus Gips verzieren. Die gibt es im Backwarenhandel zu kaufen.

**9.** Wenn die Männchen fertig verziert sind, pinsele sie mit Milch ein und schieb sie in den heißen Ofen. Nach spätestens 20 Minuten sollten sie goldbraun sein.

Wenn du die Stutenkerle aus dem Ofen holst, brauchst du noch ein letztes Mal Geduld: Lass sie abkühlen, bevor du probierst.

# Zimtsterne

**Du brauchst:**
(für ca. 30 Sterne)

2 Eier
250 g Puderzucker
Mark von 1/2 Vanilleschote
1 gut gehäuften Teelöffel Zimt
400 g gemahlene Mandeln
Abrieb einer halben unbehandelten Zitrone (»Abrieb« kommt von »reiben«: Man reibt nur das Gelbe der Zitronenschale in eine Schüssel, so erhält man den starken Zitronengeschmack. Das Weiße darunter schmeckt leicht bitter.)

**Wenn du diese Zimtsterne zum ersten Mal backst,** denkst du vielleicht: »Puuuh, das ist ja kompliziert.« Ist es aber gar nicht. Schon beim zweiten Mal wirst du sagen: Das ist ja pipileicht! Und ich verspreche dir, die sind so lecker, du wirst sie mehr als einmal backen!

**SO GEHT'S:**

1. Vor dem Backen stellst du dir alle Zutaten zurecht. Zuerst wird die Vanilleschote der Länge nach aufgeschnitten. Bei einer Hälfte der Vanilleschote das Mark (das Weiche im Inneren) mit einem kleinen Löffel vorsichtig herauskratzen.

2. Das Vanillemark und die abgeriebene Zitronenschale mit den gemahlenen Mandeln und dem Zimt vermengen.

3. Bei den Eiern musst du zunächst das Eiweiß und das Eigelb voneinander trennen.

4. Die beiden Eiweiße in eine hohe, saubere (!) und fettfreie Schüssel geben und nach und nach mit dem Mixer den Puderzucker unterrühren. Vorsicht, das staubt! So lange schlagen, bis die Masse ganz weiß, fluffig und fest ist. Du weißt, dass du genug geschlagen hast, wenn man die Schüssel umdrehen kann und nichts rausläuft.

5. Etwa ein Viertel des Puderzucker-Eischnees in eine Extraschüssel geben. Damit werden die Kekse am Schluss glasiert. Die restliche Masse nach und nach in die Mandel-Zimt-Zitrone-Vanille-Mischung einrühren.

6. Jetzt kannst du schon einmal den Backofen anschalten und ihn auf 145 Grad (nicht Umluft!) vorheizen. Verteil etwa eine Handvoll Puderzucker auf dem Tisch oder auf der Arbeitsplatte. Das machst du, damit nichts am Tisch festklebt.

7. Nun musst du vorsichtig den Teig ausrollen. Er sollte noch einen halben bis einen Zentimeter dick sein (etwa so hoch wie ein Kinderfinger). Jetzt mit einem Förmchen Sterne ausstechen.

**8.** Fang an einer Seite an, nicht in der Mitte, dann bekommst du mehr Sterne aus der Teigplatte. Je nach Größe des Förmchens erhältst du am Ende etwa 30 Kekse.

**9.** Die Sterne mit dem restlichen Puderzucker-Eischnee bestreichen und auf ein mit Backpapier belegtes Backblech legen. Circa 17 Minuten backen, herausnehmen und abkühlen lassen.

ZEIT LEO erscheint jeden zweiten Monat am Kiosk oder im Abo. Mehr dazu steht hier: www.zeitleo.de

## BILDNACHWEISE

**Illustration LEO-Figur:** Jon Frickey
**Fotos Sarah Wiener:** © Arne Mayntz

**Umschlag:** © Susanne Katzenberg; Hannah Schuh; Karolina Doleviczenyi; Ester Judith Hinz

**S. 6/7:** © Susanne Katzenberg; Georg Großkopf **S. 8/9:** © Ilya Akinshin/Shutterstock.com; © gangis khan/Shutterstock.com; © Ann Precious/Shutterstock.com; **S. 10/11:** © Susanne Katzenberg; Karolina Doleviczenyi; **S. 12/13:** © Susanne Katzenberg; **S. 14/15:** © Susanne Katzenberg; **S. 16/17:** © Hannah Schuh; © Favlok/Shutterstock.com, © Vitaly Korovin/Shutterstock.com; **S. 18/19:** © Susanne Katzenberg; **S. 20/21:** © Karolina Doleviczenyi; **S. 22/23:** © Karolina Doleviczenyi; **S. 24/25:** © Susanne Katzenberg; **S. 26/27:** © Hannah Schuh; **S. 28/29:** © Susanne Katzenberg; **S. 30/31:** © Susanne Katzenberg; **S. 32/33:** © Susanne Katzenberg; **S. 34/35:** © Esther-Judith Hinz; **S. 36/37:** © Susanne Katzenberg; **S. 38/39:** © Susanne Katzenberg; **S. 40/41:** © Susanne Katzenberg; **S. 42/43:** © Susanne Katzenberg; **S. 44/45:** © Susanne Katzenberg; **S. 46/47:** © Susanne Katzenberg; Karolina Doleviczenyi; **S. 48/49:** © Susanne Katzenberg; **S. 50/51:** © Karolina Doleviczenyi; **S. 52/53:** © Susanne Katzenberg; Karolina Doleviczenyi; **S. 54/55:** © Susanne Katzenberg; **S. 56/57:** © Karolina Doleviczenyi; **S. 58/59:** © Susanne Katzenberg; **S. 60/61:** © Susanne Katzenberg; **S. 62/63:** © Susanne Katzenberg; **S. 64/65:** © Susanne Katzenberg; Georg Großkopf; **S. 66/67:** © Susanne Katzenberg; **S. 68/69:** © Georg Großkopf; **S. 70/71:** © Susanne Katzenberg; **S. 72/73:** © Hanna Schuh

Entwickelt auf der Basis von »ZEIT LEO«-Ausgaben 2011–2015



Herausgeber:
Katrin Hörnlein, Inge Kutter
Konzept und Redaktion:
Caroline Jacobi
Projektkoordination:
Laura Klaßen, Zeitverlag
Gestaltung und Satz:
Notburga Reisener
Herstellung:
Constanze Hinz
Lithografie:
Margit Dittes Media
ISBN 978-3-551-25199-2

www.carlsen.de
www.zeitleo.de

**DEIN GESCHENK:** Noch mehr Lesespaß mit ZEIT LEO!
Das Magazin mit spannenden Geschichten, kniffeligen Rätseln und lustigen Comics, findest du jeden 2. Monat am Kiosk.

**JETZT EINE AUSGABE GRATIS LESEN:**
Einfach Gutschein-Code **ZL5992CBU** auf www.zeit.de/leo-gutschein eingeben!

**BUNT UND ABWECHSLUNGSREICH** – hier ist für jeden was dabei.
**KOMPETENT UND FUNDIERT** – spannende Reportagen und Geschichten.
**LUSTIG UND ÜBERRASCHEND** – tolle Spiele und Rätsel.

**ZEIT LEO**
**MITMACH-BLOCK**
Broschur, 96 Seiten
**€ (D) 5,99 | € (A) 6,20**
978-3-551-25193-0

**ZEIT LEO**
**RÄTSELBLOCK TIERE**
Broschur, 96 Seiten
**€ (D) 5,99 | € (A) 6,20**
978-3-551-25194-7

**ZEIT LEO**
**SPIELE UND RÄTSEL**
Broschur, 96 Seiten
**€ (D) 5,99 | € (A) 6,20**
978-3-551-25195-4

**EN, WAS TUN!**
unter www.zeitleo.de

www.carlsen.de